Malek El-Saud

Kaffeesatzgeheimnisse

Malek El-Saud

Kaffeesatzgeheimnisse

~Altes Wissen aus dem Orient~

SILBERSCHNUR

ISBN: 978-3-89845-214-4

1. Auflage 2008

Gestaltung & Satz: XPresentation, Boppard
Druck: Tesinska Tiskarna, a.s., Teschen in Schlesien

Silberschnur Verlag · Steinstraße 1 · D-56593 Güllesheim
www.silberschnur.de · Email: info@silberschnur.de

INHALTSVERZEICHNIS

Vorwort

Kaffee sollte sein, so heiss wie die Küsse eines
Mädchens am ersten Tag, so süss wie
die Nächte in ihren Armen und so schwarz
wie die Flüche ihrer Mutter, wenn sie davon erfährt!

Arabisches Sprichwort

Mein Leben lang sind viele Leute in unser Haus gekommen und haben mit meiner Mutter zusammen Kaffee getrunken. Aber glauben Sie bitte nicht, dass das nur des Kaffeetrinkens wegen geschah… Nein, meine Mutter ist vielmehr eine angesehene Kaffeesatzleserin. Sie hat ihr Wissen von ihrer Mutter gelernt, die es wiederum von ihrer Mutter erlernt hat – und Jahrzehnte lang jungen und alten Menschen die Vergangenheit offenbart sowie die Zukunft gedeutet und vorausgesagt hat.

Ich habe meine Mutter oft gebeten, für mich einmal im Satz meiner Tasse zu lesen und mir die Symbolik zu erklären, doch sie hat das nie getan. Nun bin ich ein erwachsener Mann und meine Mutter eine alte Dame geworden, und nach so langer Zeit habe ich sie noch einmal gefragt: »Möchtest du mir nicht alles über das Kaffeesatzlesen erzählen und mir die Geheimnisse der Symbole erläutern, die du im Kaffee siehst?«

Ich muss sagen, dass sie etwas überrascht war und einige Zeit überlegt hat – aber nach einer guten Tasse Kaffee hat sie schließlich ja gesagt.

Mit diesem Buch möchte ich dieses uralte Wissen und die dazugehörige Tradition nun auch an Sie, liebe Leserinnen und Leser, weitergeben.

Ich bedanke mich bei meiner Mutter für die Weitergabe ihres Wissens an uns – ohne sie wäre dieses Buch nie entstanden.

IHR MALEK AL-SAUD

KAFFEE MAHLEN

DIE LEGENDE DER ENTDECKUNG DES KAFFEES UND SEINE VERBREITUNG

GOTT SEI'S GEDANKT, IN DER NÄCHSTEN WELT
WIRD ES KEINEN KAFFEE GEBEN.
DENN ES GIBT NICHTS SCHLIMMERES, ALS AUF KAFFEE
ZU WARTEN, WENN ER NOCH NICHT DA IST.

Immanuel Kant, deutscher Philosoph

Antonius Faustus Naironus schrieb in seinem Buch »De saluberrima potione cahve« im Jahre 1671 die Legende der Hirten aus Kaffa nieder. Diesen Hirten war aufgefallen, dass die Ziegen ihrer Herde, die von einem Strauch mit weißen Blüten und roten Früchten gefressen hatten, bis in die Nacht hinein munter umhersprangen, während die anderen Tiere schliefen.

Bei einer Gelegenheit erzählten die Hirten diese Begebenheit den Mönchen des nahe gelegenen Klosters. Als einer der Hirten selbst die Früchte des Strauches probierte, stellte er bei sich ebenfalls eine belebende Wirkung fest. Die Mönche erforschten nun diese seltsamen dunkelgrünen Pflanzen mit ihren kirschenartigen Früchten, aus welchen sie einen Aufguss herstellten. – Ab sofort konnten sie nachts wach bleiben, beten und diskutieren…

Deshalb gilt die Provinz Kaffa in Äthiopien als Ursprungsland des Kaffees und gab ihm auch seinen Namen. Von Äthiopien aus gelangte der Kaffee etwa im 14. Jahrhundert durch Sklavenhändler nach Arabien. Man schätzt, dass man dort die Kaffeebohne aber erst ca. 100 Jahre später geröstet und getrunken hat. Der Kaffeeanbau spielte fortan eine große wirtschaftliche Rolle für Arabien. Das Handelszentrum war die Hafenstadt Mokka, das heutige Al Mukha im Jemen.

DIE TRADITION DES KAFFEESATZLESENS

DREI DINGE GEHÖREN ZU EINEM GUTEN KAFFEE:
ERSTENS KAFFEE, ZWEITENS KAFFEE
UND DRITTENS NOCHMALS KAFFEE.

Alexandre Dumas, französischer Autor

Seit der Verbreitung des Kaffees von Arabien in den Rest der Welt wird die Zubereitung dieses Getränkes sowie die Kunst des Kaffeesatzlesens von Land zu Land, von Region zu Region auf unterschiedlichste Art und Weise zelebriert.

In einigen Ländern wird das Kaffeesatzlesen als Aberglaube abgetan und belächelt, in vielen anderen Ländern und Regionen gehört es aber zum täglichen Leben dazu und wird von der Bevölkerung gepflegt. So lassen sich zum Beispiel im Orient und auf dem Balkan Tausende von Menschen täglich aus dem Kaffeesatz die nähere Zukunft voraussagen, um ihre Neugier auf das Kommende zu stillen und um zu erproben, ob das Vorhergesagte auch tatsächlich eintrifft. Außerdem stellt diese Orakelform immer wieder eine willkommene Abwechslung im Alltag dar.

In diesen Ländern sind die Menschen, die sich die Kunst des Kaffeesatzlesens angeeignet haben, natürlich hochangesehene und überaus beliebte Personen, denen man mit großem Respekt und voller Bewunderung begegnet.

Denn, so besagt es eine alte Volksweisheit vom Balkan: »Ein guter Ruf verbreitet sich wie ein Lauffeuer, ein schlechter noch schneller!«

AUFBRÜHEN

ANLEITUNG ZUM KAFFEESATZLESEN

DIE BESTE METHODE, DAS LEBEN ANGENEHM
ZU VERBRINGEN, IST, GUTEN KAFFEE ZU TRINKEN.
UND WENN MAN KEINEN HABEN KANN, SO SOLL
MAN VERSUCHEN, SO HEITER UND GELASSEN
ZU SEIN, ALS HÄTTE MAN GUTEN KAFFEE GETRUNKEN.

Jonathan Swift, irisch-englischer Schriftsteller

TÜRKISCHEN »MOKKA« ZUBEREITEN

Türkischen Kaffee zuzubereiten ist kinderleicht: Man nimmt einen gehäuften Esslöffel Kaffee pro Tasse. Möchte man dagegen zwei Tassen Kaffee zubereiten, gibt man einfach zwei gehäufte Esslöffel Kaffee in die Kanne – so leicht ist das. Traditionell wird der Mokka im Ibrik, einem kleinen metallenen Kännchen mit langem Stiel, zubereitet. Sollte man kein Original zur Hand haben, reicht natürlich auch jedes andere Gefäß aus, das für die Kochplatte geeignet ist.

Als Nächstes gibt man zwei voll gehäufte Kaffeelöffel Zucker hinzu. Man rührt nun mit einem Löffel den Kaffee und den Zucker um, gießt dann kaltes Wasser darüber und lässt diese Mischung ganze drei Mal kurz aufkochen. Sobald sich der Kaffee auf dem Boden abgesetzt hat, füllt man die Tassen.

Vorsicht: Die Flüssigkeit schäumt beim Kochen auf, und deshalb darf die Kanne nicht bis zum Rand gefüllt werden.

Kaffeesatzlesen: Wie und Wann

Kellner, falls dies Kaffee ist,
bringen Sie mir Tee,
falls dies aber Tee ist,
bringen Sie mir Kaffee.

Abraham Lincoln, 16. Präsident der Vereinigten Staaten

Kaffeesatzlesen findet auch im modernen Europa immer mehr Anhänger. Der Kaffeetrinker wird viel über sich selbst und seine Zukunft erfahren, wenn er sich auf diese Orakelart einlässt. Meist wird es ihn faszinieren, welche unterschiedlichen Formen Kaffeesatz annehmen kann und wie viel Wahrheit sich aus den Symbolen deuten lässt.

Kaffeesatzlesen ist im Orient und auf dem Balkan ein regelrechter Volkssport, warum also nicht auch hier? Die Regeln sind einfach, Kaffee gibt es in jedem Haushalt und fast jeder trinkt gerne Kaffee. Auch Sie können, mit ein wenig Geduld, Ihren Freunden,

Verwandten und Bekannten die Zukunft aus der Tasse deuten – und damit sicherlich Mittelpunkt jeder Kaffeerunde werden.

Hier nun die genaue Anleitung, wie Sie die Zukunft aus dem Kaffeesatz lesen können:

Nachdem die Tasse leer getrunken ist, wird sie mit dem darin verbliebenen Kaffeesatz mehrmals um sich selbst gedreht. Nach der dritten Umdrehung wird die Tasse dann falsch herum, also mit dem Kopf auf die Untertasse gestellt, sodass die Restbestände des Kaffees in der Tasse trocknen. Nun muss ca. 15 Minuten gewartet werden, bevor die Tasse von der Untertasse gelöst wird (aber ich garantiere Ihnen, dass das Warten in einer heiteren und erwartungsvollen Runde großen Spaß macht). Jetzt kann es also endlich losgehen:

Die Person, die aus dem Kaffeesatz lesen wird, muss so sitzen, dass das Licht auf ihren Rücken fällt. Damit sich der Kaffeesatzleser ganz auf die Symbole konzentrieren kann, wird zuerst die Mitte der Tasse betrachtet. Danach wird die Tasse im Uhrzeigersinn angeschaut, ausgehend von dem Punkt, von dem getrunken wurde. In dieser Reihenfolge werden nun auch die Symbole gelesen.

Wichtig ist, dass immer sichergestellt ist, dass der Kaffeesud auch trocken ist, damit die einmal entstandenen Symbole sich nicht mehr verändern können.

Die Symbole im Kaffeesatz entstehen durch den Kaffeetrinker selbst, quasi als eine Kommunikation zwischen seinem Unterbewusstsein und seinem Bewusstsein.

Der Kaffeesatzleser ist somit nur der Übersetzer, wobei der Kaffeesatz dem Leser nur die Dinge verrät, die der Kaffeetrinker auch öffentlich machen will und die ihn direkt betreffen. Häufig werden dabei aber Dinge ausgesprochen, die der betroffenen Person bis zu diesem Zeitpunkt selbst nicht bewusst waren und sie zum Nachdenken anregen sollen. Das Voranstehende sollte der Person, für die im Kaffeesatz gelesen werden soll, unbedingt vorab mitgeteilt werden, damit sie den Sinn dieser Orakelmethode richtig versteht.

Nun kann es endlich losgehen:

Zuallererst wird die Tasse im Gesamten betrachtet, um einen Überblick über die Situation des Kaffeetrinkers zu bekommen. Außerdem muss festgestellt werden, ob es überhaupt ratsam ist, dem Gegenüber Voraussagen aus dem Kaffeesatz zu machen. So kann der Kaffeetrinker zum Beispiel gesundheitlich angeschlagen sein, was auch in der Tasse sichtbar wird. In diesem Fall ist vom Kaffeesatzlesen abzuraten, da nur das Ergebnis verfälscht würde.

Sind die vorangegangenen Überlegungen abgeschlossen, erfolgt nun ein eingehendes Lesen und Deuten der einzelnen Bereiche. Dabei wird die Tasse zunächst in drei Bereiche aufgeteilt:

1) weibliche Seite (rechte Seite)
2) männliche Seite (linke Seite)
3) Familie, Haus, Freundschaft (Tassenboden)

Nach Abschluss der Deutung anhand der Symbole (ab Seite 25), lässt man den Kaffeetrinker mit dem Zeigefinger seiner rechten Hand in die Mitte des Kaffeesatzes auf den Boden der Tasse tippen und den Finger dort im Halbkreis drehen. Dabei darf er sich im Stillen etwas wünschen. Nun betrachtet der Kaffeesatzleser den Fingerabdruck und kann daraus ersehen, ob der Wunsch in Erfüllung geht oder nicht.

Das Wichtigste auf einen Blick:

- Der Kaffee sollte mit möglichst wenig Zucker getrunken werden.
- Die Kaffeetasse sollte klein und rund sein.
- Der Kaffee sollte warm getrunken werden.
- Beim Trocknen des Kaffeesatzes muss man sich in Geduld üben.
- Gute Tage zum Kaffeesatzlesen sind Montag und Freitag, sonntags wird dagegen nicht in die Tasse geschaut.

GENIESSEN

DIE SYMBOLE UND IHRE BEDEUTUNG

Ich habe Ihnen die mir bekannten Symbole aufgezeichnet, sie sollen Ihnen aber nur als erster Anhaltspunkt dienen, da der Kaffeesatz natürlich immer wieder neue Bilder erschafft. So erscheinen die Figuren beispielsweise immer wieder in einer anderen Perspektive, je nachdem wie Sie die Tasse wenden, drehen und halten. Außerdem können die Symbole im Kaffeesatz selbst (schwarz) entstehen – oder aber als Negativ im weißen Tassenboden erscheinen.

Wichtig für die Interpretation ist zudem, in welchem der drei Felder (siehe Seite 21) das Symbol entstanden ist, in welche Richtung es verläuft sowie ob der Kaffeetrinker männlich oder weiblich ist. Manche Symbole sind auch nur in bestimmten Bereichen (z. B. auf dem Tassenboden) zu deuten. Näheres dazu finden Sie in den Bildbeschreibungen.

HIER VORAB SCHON EINMAL EIN PRAKTISCHES BEISPIEL:

Der Kaffeetrinker ist weiblich, und ihr erscheint das Herz auf der rechten, weiblichen Seite der Tasse. Das würde bedeuten, dass ihr Herz offen ist für ihren Partner (falls nicht vorhanden auch für den Bruder, Vater etc.).

Befände sich das Herz allerdings auf der männlichen, linken Seite, so hieße das, dass das Herz des Partners offen ist für die Kaffeetrinkerin. Sollte sie keinen Partner haben, steht die männliche Seite für einen Mann, der ihr nahe steht.

Erschiene das Herz schließlich auf dem Tassenboden, so steht es für Liebe innerhalb der Familie.

Achten Sie auch darauf, ob es sich um ein kleines oder ein großes Herz handelt, um das Ausmaß der Zuneigung erkennen zu können...

Wie Sie nun bereits erkennen konnten, liegt die Kunst des Kaffeesatzlesens nicht nur darin, die verschiedenen Symbole zu deuten, sondern man muss in der Lage sein, mehrere Symbole in Zusammenhang zu bringen, besonders auch unter Berücksichtigung der drei Bereiche.

Das Lesen und Interpretieren der Symbole liegt nun in Ihren Händen. Sie sind das Medium, das das Orakel deutet – trauen Sie sich!

ANKER

Sie werden eine Entscheidung treffen, hinter der Sie stehen. Lassen Sie sich nicht von Außenstehenden zu etwas anderem überreden, und bleiben Sie dabei.

APFEL

Vorsicht: Jemand versucht, Sie in einen Kreis von Intrigen hineinzuziehen.

AUGE

Beobachten Sie Ihr Umfeld genauer, denn Sie müssen vorsichtiger sein.

AXT

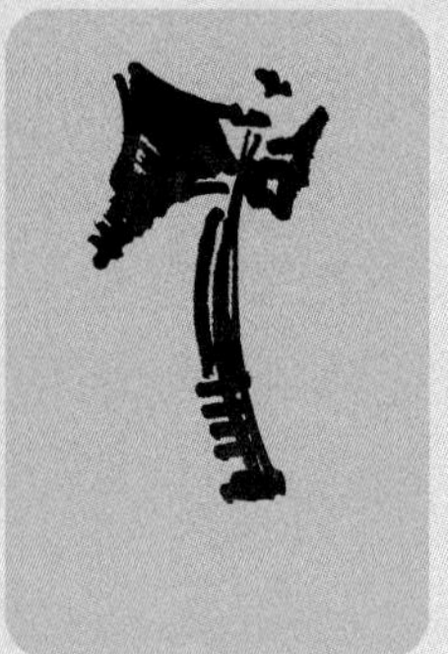

Es kommt zu einer Trennung im Freundes- oder Familienkreis. Der Betroffene wird Sie um Rat fragen.

BACH

Alles geht seinen Weg, es herrschen Harmonie und Glückseligkeit.

BÄR

Sie bemühen sich sehr, jemandem in Ihrem Umfeld einen Wunsch zu erfüllen – derjenige würdigt es jedoch nicht. Vorsicht!

BAUM

Etwas hindert Sie daran, den Kern des Problems zu erkennen. Fragen Sie einen Freund um Rat.

BAUMSTUMPF

Bereinigen Sie ungeklärte Dinge mit Ihrer Ex-Liebe oder mit einem früheren Freund. Danach werden Sie zwar die Liebe nicht zurückbekommen, gewinnen aber eine Freundschaft fürs Leben.

BERGE

Der Weg vor Ihnen ist steinig. Wenn Sie den Gipfel aber erklommen haben, fühlen Sie sich befreit und voller Tatendrang.

BESEN

Jemand will etwas vor Ihnen verbergen. Sie wissen momentan nicht, was Wahrheit ist und was Lüge.

BIENE

Ohne Schweiß kein Preis. Krempeln Sie endlich die Ärmel hoch, und packen Sie Ihre Projekte an.

BIRNE

Ihnen geht ein Licht auf. Jetzt entdecken Sie ein lang gehütetes Geheimnis.

BLATT

Ihre finanzielle Lage ändert sich ständig. Versuchen Sie, das Geld zusammenzuhalten.

BLUME

Alte Liebe rostet nicht!
Egal wie lange Sie von einer Person getrennt waren – Sie werden mit ihr Ihr großes Glück finden.

BÖSER BLICK

Erscheint Ihnen der »böse Blick« in der Tasse, so bleibt Ihnen nichts erspart. Jemand ist sauer auf Sie – und das mit gutem Grund.
Zeit für eine Entschuldigung.

BOOT

Rettung in letzter Minute. Jemand wird Ihnen in letztem Moment helfen. Möglicherweise wird es eine Person sein, die im Zeichen des Skorpions oder Löwen geboren ist.

BRIEF

Eine Nachricht kommt ins Haus. Seien Sie gespannt!

BROT

Bemühen Sie sich darum, Ihre Familie zusammenzuhalten.

(Hinweis: Dieses Symbol ist nur auf dem Tassenboden zu deuten.)

BRÜCKE

Nach langer Zeit suchen Sie wieder Kontakt zu einem Menschen, der Ihnen in der Vergangenheit nahe gestanden hat.

DELPHIN

Pure Lebensfreude, Freundschaft und Gemeinschaftssinn!

DIAMANT

Sie werden sich bei jemandem revanchieren, der Ihnen einen Gefallen getan oder Ihnen in einer schwierigen Situation geholfen hat.

ENGEL

Sie haben Ärger. Eine unbekannte Person wird Ihnen aber helfen, und am Ende wird alles in Ordnung kommen.

ENTE

Nehmen Sie sich in Acht vor einer weiblichen Person aus der Nachbarschaft, die schlecht über Sie redet.

EULE

Kein gutes Zeichen. Es ist allerdings nur auf dem Tassenboden zu deuten und zeigt eine Krankheit in der Familie an.

FENSTER

Eine lang erwartete Nachricht flattert ins Haus, die von einer unbekannten Person überbracht wird. – Befindet sich das Symbol im Tassenboden, ist es eine Nachricht, die die ganze Familie betrifft.

FISCH

Glück bei den Finanzen in der näheren Zukunft. Achten Sie auch auf die Größe des Fisches: je größer, desto höher ist der Gewinn.

FLEDERMAUS

Vorsicht! Jemand wird Ihre Gutmütigkeit ausnutzen. Vermeiden Sie es, Geld zu verleihen!

GESICHT MIT OFFENEM MUND

Schrei, stummer Schrei.
Gehen Sie mit offenen Augen durch die Welt, jemand hat Sehnsucht nach Ihnen. Er traut sich aber nicht, es laut zu sagen.
Auf dem Tassenboden: Sie selbst haben ein Problem in der Familie, trauen Sie sich ruhig, es auszusprechen. Am Ende wird alles gut!

GEWEHR

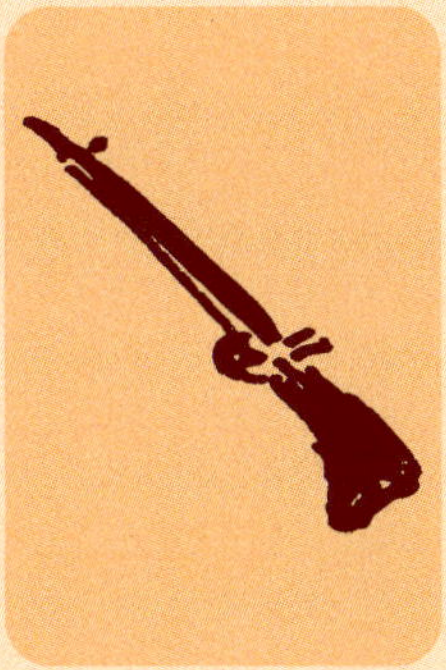

Ein schlechtes Symbol, das einen Familienkrieg voraussagt, den Sie vermeiden sollten.

GITARRE

Eine Mann/eine Frau kommt Ihnen näher.
Auf den ersten Blick ist er/sie nicht Ihr Typ, aber bei näherem Kennenlernen entdecken Sie erste zarte Gefühle für ihn/sie.
(Hinweis: Dieses Symbol wird nur für Singles gedeutet.)

GLAS / TASSE

Für verheiratete Leute gilt, dass die Ehe noch stabiler wird. Außerdem sagt dieses Symbol eine Heirat im Freundeskreis voraus.

GLÜCKSKLEE

Das Glück ist auf Ihrer Seite. Wagen Sie einen Schritt im Bereich Beruf oder Liebe, den Sie schon lange gehen wollten – er wird gelingen.

GRÄTEN

Es ist die falsche Zeit für finanzielle Spekulationen, Sie würden viel Geld verlieren.

HAIE

In Ihrem Freundeskreis haben Intrigen und Feindseligkeiten Einzug gehalten. Ob Männer oder Frauen schuld sind, zeigt die Stelle in der Tasse.

(Hinweis: Dieses Zeichen wird nur auf der rechten oder linken Seite gedeutet.)

HAKEN

Dieses Symbol gilt nur in Verbindung mit anderen Symbolen und bedeutet, dass Ihnen jemand einen Köder zugeworfen hat. In welchem Bereich und ob dies gut oder schlecht ist, zeigen die übrigen Symbole in der Umgebung.

HALSKETTE

In Ihrer Partnerschaft hat sich der Alltag breit gemacht. Nehmen Sie es in die Hand, die Beziehung wieder zu beleben. Für Singles bedeutet dieses Symbol ein unerwartetes Geschenk (auch finanzieller Art).

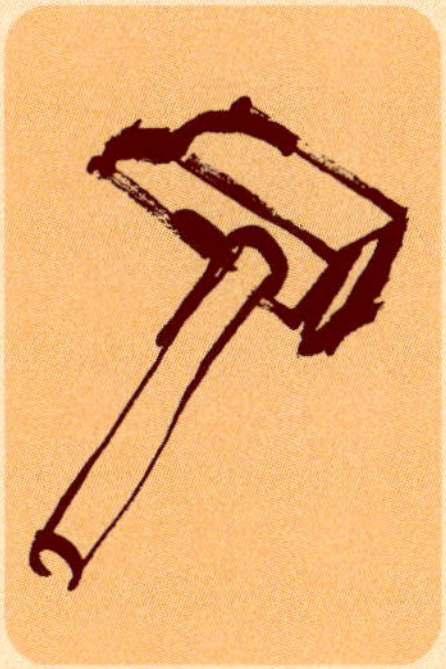

HAMMER

Ein Problem, das schon lange unter den Teppich gekehrt wurde, kommt ans Tageslicht. Sprechen Sie mit der betreffenden Person darüber, und klären Sie die Situation.

(Hinweis: Die Größe des Hammers und die genaue Stelle in der Tasse verraten mehr über das Problem.)

HANDFLÄCHEN

Es ist Zeit für Vergebung! Das zeigt Ihre Größe. Eine wieder gewonnene Freundschaft wird Sie glücklich machen.

HARFE

Ein positives Zeichen. Sie sind ein gutgläubiger, hilfsbereiter Mensch und haben einen positiven Einfluss auf andere Menschen.

HAUS

Dieses Symbol bedeutet im Tassenboden Zufriedenheit und Harmonie in der Familie, an anderer Stelle in der Tasse sagt es einen Umzug voraus.

HERZ

Das Herz öffnet sich für den Partner oder für ein Familienmitglied. Eine nähere Beschreibung hierzu können Sie im Beispiel auf Seite 25 nachlesen.

HORIZONT

Ein seltenes Symbol, das aussagt, dass Ihrem vollkommenen Glück und Ihrer Zufriedenheit nichts im Wege steht.

HUFE / HUFEISEN

Sie sind Ihres Glückes Schmied. Verlassen Sie sich daher nicht auf andere Personen, sondern glauben Sie an Ihre eigene Stärke.

HUHN

Symbol aus dem Bereich Beruf. Sie steigen weiter die Karriereleiter nach oben bzw. schließen ein Projekt erfolgreich ab. Die vielen Anstrengungen haben sich gelohnt.

HUND

Sie haben sich umsonst Sorgen gemacht, jemand in Ihrem Umfeld wäre untreu (hier ist zu beachten, wo das Symbol auftaucht!). Er/Sie ist Ihnen in allen Bereichen treu ergeben und steht vorbehaltlos hinter Ihnen.

HUT

Jemand in Ihrem Umfeld will etwas vor Ihnen verbergen. Er traut sich nicht, die ganze Wahrheit zu sagen. Seien Sie daher auch auf schlechte Nachrichten vorbereitet.

INSEL

Sie sitzen zwischen den Stühlen. Wenn Sie sich nicht schnell für eine Seite entscheiden, können Sie das »Spiel« auch verlieren und dann trauern.

KAKTUS

Anstatt zu helfen, wird jemand seinen Finger in eine bestehende Wunde legen. Das bedeutet, jemand wird Ihnen die Schuld an einer üblen Situation zuschieben.

KAMEL

Die Dinge erscheinen manchmal schlechter, als sie tatsächlich sind, und manche Situation scheint, als ob es keinen Ausweg gäbe. Vertrauen Sie hier aber einer Person, der Sie einen Lösungsvorschlag nicht zugetraut hätten.

KERZEN

Sie werden die Früchte Ihrer Arbeit ernten. Genießen Sie die bevorstehende Zeit, denn Sie haben sie sich verdient.

KIND

Ein Neuzugang! Dieses Symbol muss allerdings mit den anderen Zeichen gedeutet werden, um zu sehen ob es sich um ein Kind in Ihrer Familie oder bei Freunden handelt.

KNOCHEN

In Ihrer Familie oder Beziehung passiert etwas Unerfreuliches, und eventuell kann eine Partnerschaft zu Ende gehen. Vermeiden Sie Streit.

KRALLE

Seien Sie vorsichtig! Vertrauen Sie nur Ihrem engsten Freundes- und Familienkreis. Menschen, die Ihnen nicht zugeneigt sind, werden Ihre Schwächen ausnutzen.

KRAWATTE

Jemand sucht den Kontakt zu Ihnen und möchte Sie näher kennen lernen. Für Singles bedeutet dies eine Chance auf einen neuen Partner, Personen in Beziehungen sollten aber auf Abstand bedacht sein und ihre Zeit nicht verschwenden.

KREUZUNG

Sie stehen vor einer wichtigen Entscheidung. Lassen Sie sich nicht von äußeren Faktoren beeinflussen. Jemand, der Ihnen nicht gut gewogen ist, will auf Ihre Entscheidung Einfluss nehmen.

KRONE

Viele Menschen haben Sie bei einer Sache im beruflichen Bereich kritisiert. Nun haben Sie durch Ihre Anstrengungen Ihren Kritikern endlich den Wind aus den Segeln genommen.

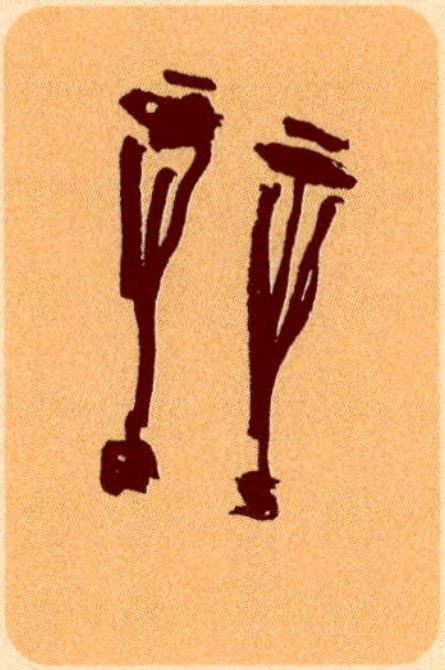

KRÜCKEN

Ein Symbol für allgemeine Krankheit, Schwäche und schlechte Laune.

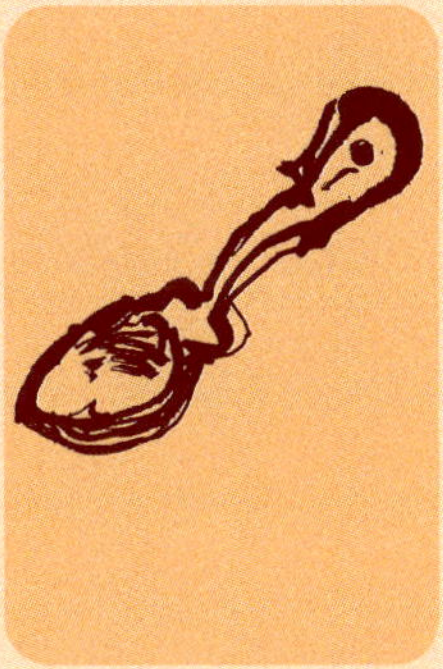

LÖFFEL

Es gibt das Sprichwort: Beiß nicht die Hand, die dich füttert. – Zügeln Sie Ihren Charakter in Bezug auf Ihren Chef.

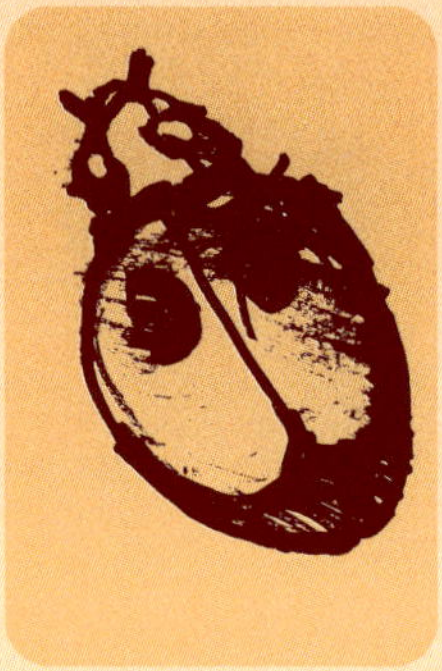

Marienkäfer

Sie hegen seit langem einen Wunsch, der nun in Erfüllung geht. Für weibliche Personen bedeutet dieses Zeichen eventuell auch eine Schwangerschaft.

Maske

Die Wahrheit kommt ans Tageslicht. Jemand, der Ihnen viel bedeutet, wird sein wahres Gesicht zeigen.

MAUS

Dieses Zeichen bedeutet, dass sich die familiäre Finanzlage verschlechtern wird.

(Hinweis: Nur auf dem Tassenboden zu deuten.)

MENSCHENGRUPPE

Sie finden Kontakt zu einer neuen Gruppe von Menschen. Ob Sie sich in der neuen Gesellschaft wohl fühlen oder nicht, werden Ihnen die anderen Symbole in der Tasse verraten.

MESSER

Jemand in Ihrer Umgebung spricht mit zwei Zungen. Verlassen Sie sich auf Ihr Gefühl, und lesen Sie auch zwischen den Zeilen.

MOHNKAPSEL

Im Beruf steht Ihnen ein Streit mit einem Kollegen bevor. Er kann sich einfach nicht unter Kontrolle halten.

MOND

Ein interessantes Symbol. Sollten viele Symbole um den Mond herum stehen, ist Ihre Liebe in Frage gestellt. Steht der Mond aber allein, besteht für Sie die Chance auf eine neue Liebe.

MUSCHEL

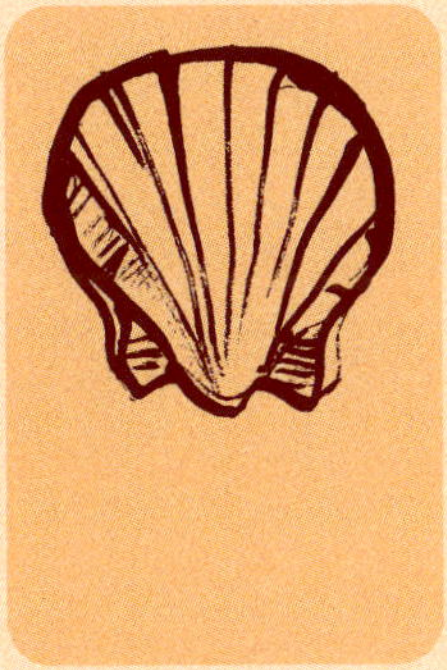

Um Sie herum gibt es nur gute Nachrichten! Genießen Sie diese unbeschwerte Zeit!

OHR

Die innere Stimme und das Bauchgefühl sind sehr wichtig. Deshalb: Bemühen Sie sich, diesen Gefühlen zu folgen – besonders in der Liebe.

PALME

Handeln Sie in Zukunft in Ihrer Partnerschaft sehr weise, um das verlorene Vertrauen Ihres Partners wiederzugewinnen.

PFEIFE

Nach einer längeren Periode der Anspannung im beruflichen Bereich kommen Sie nun endlich in ruhigere Gewässer und können die nähere Zukunft positiv angehen.

PFEIL

Der Pfeil zeigt an, dass Sie den richtigen Weg gewählt haben, ein seit langem angestrebtes Ziel zu erreichen.

PFEIL UND BOGEN

Ihr Ziel im beruflichen Bereich haben Sie nach langer Zeit endlich erreicht. Glückwunsch!

PFERD

Etwas in Ihrer Beziehung lässt Sie sich unfrei fühlen. Sie müssen nun die Ursache dafür finden.

PILZ

Es besteht die Möglichkeit, dass Sie sich den Magen verderben. Vermeiden Sie es daher, bei fremden Leuten zu essen.

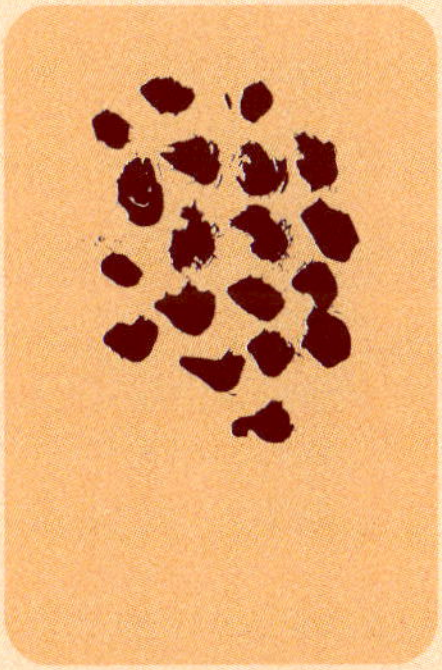

PUNKTE

Die Punkte müssen immer in Zusammenhang mit den Symbolen rundherum betrachtet werden. Alleinstehende Punkte aber bedeuten, dass Geld ins Haus kommt.

PYRAMIDE

Ein Symbol für materielle Beständigkeit und Stabilität. Erscheint dieses Symbol, haben Sie keine finanziellen Sorgen zu befürchten.

QUADRAT

Dieses Symbol muss mit den weiteren Zeichen in der Tasse gedeutet werden. Das Quadrat an sich bedeutet aber Meinungsverschiedenheiten in der Beziehung.

QUALLE

Aus heiterem Himmel entstehen in Ihrem Leben Probleme, die Sie auch in der Zukunft noch ein Stück Ihres Weges begleiten werden. Bei der Lösung dieser Situationen wird aber Ihr Charakter reifen.

RAD

Alles wiederholt sich im ewigen Kreislauf… Sie sind die Person, die die Wahrheit erkennt, deshalb hat Ihr Rat eine große Bedeutung.

RING

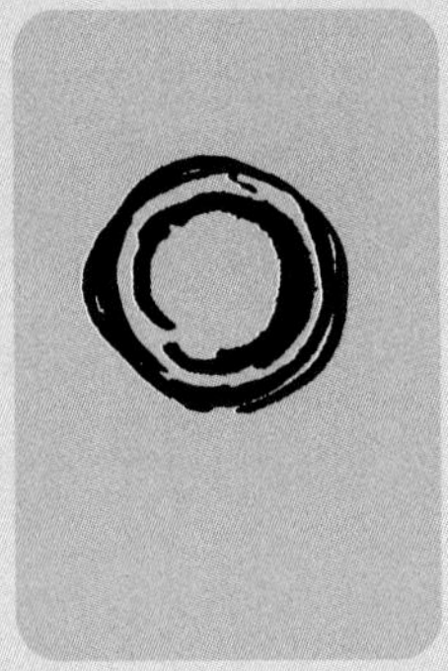

Hier ist darauf zu achten, wie der Ring in der Tasse erscheint. Scheint die Tasse weiß als Ring durch, so zeigt dies eine schlechte Gesundheit an. Wird der Ring dagegen vom Kaffee selbst gebildet, ist mit einer Verlobung zu rechnen.

SANDUHR

Sie wollen Ihren Partner durch und durch prüfen. Aber übertreiben Sie es nicht – es gibt zudem keinen Grund für Ihr Misstrauen!
Die Zeit wird dies zeigen…

SATTEL

Vor Ihnen liegt ein großes Abenteuer in Verbindung mit einer Reise.

SCHACHFELD

Sie sind am Zug! Agieren oder reagieren Sie überlegt, so können Sie eine Freundschaft retten.

SCHAF

Ihnen fehlt Selbstsicherheit im Umgang mit fremden Menschen. Arbeiten Sie daran!

SCHERE

Dieses Symbol zeigt Unstimmigkeiten in der Kindererziehung an.

Fragen Sie erfahrene Leute um Rat.

(Hinweis: Nur auf dem Tassenboden zu deuten.)

SCHILDKRÖTE

Die Schildkröte gilt als ein Zeichen für Harmonie und Glückseligkeit in der Familie.

SCHLANGE

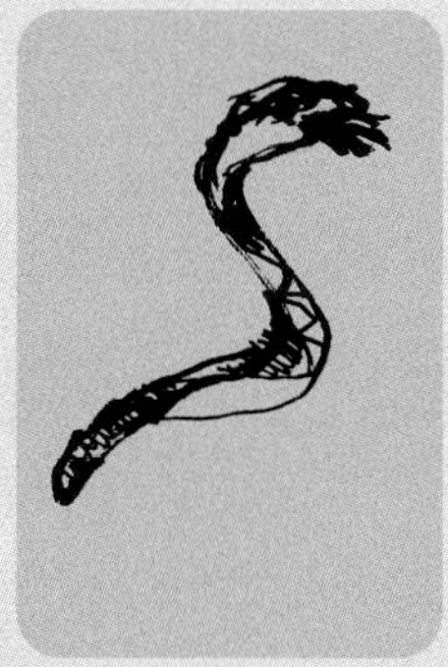

Ein sexuelles Symbol. Je deutlicher das Zeichen ist, desto mehr Spaß haben Sie beim Sex. Sind die Umrisse undeutlich, sollten Sie sich dagegen in Zukunft etwas mehr »anstrengen«…

SCHLÜSSEL

Der Schlüssel führt Sie in einen neuen Lebensabschnitt. Ist der Schlüssel weiß, sollten Sie auf keinen Fall eine Beziehung zu einem Mann mit Bart eingehen. Ist der Schlüssel schwarz, findet jemand den Weg in Ihr Herz.

SCHLÜSSELLOCH

In der Partnerschaft werden Dinge geschehen, die Sie sehr unglücklich machen können. Seien Sie auf alles vorbereitet.

SCHNECKE

Lassen Sie sich Zeit, um eine wichtige Entscheidung zu treffen, die vor Ihnen steht.
Die Zeit arbeitet für Sie.

SCHWEIN

Menschen mit unguten Absichten kommen in Ihr Haus.

(Hinweis: Nur auf dem Tassenboden zu deuten.)

SCHWERT

Dieses Symbol bedeutet, dass Sie sich in einem Familienstreit auf eine Seite schlagen müssen. Die Richtung des Schwertes zeigt an, wem Sie zugewandt sein sollten.

(Hinweis: Nur auf dem Tassenboden zu deuten.)

SEEPFERDCHEN

Sie treten beruflich auf der Stelle. Erweitern Sie daher Ihre Kenntnisse, dann werden Ihre Anstrengungen reich belohnt.

SEESTERN

Ihnen wird etwas Außergewöhnliches passieren. Vielleicht lernen Sie auf unkonventionelle Weise jemanden kennen und verlieben sich. Diese Liebe wird allerdings nicht von langer Dauer sein, da Ihre Gefühle sehr bald erkalten könnten.

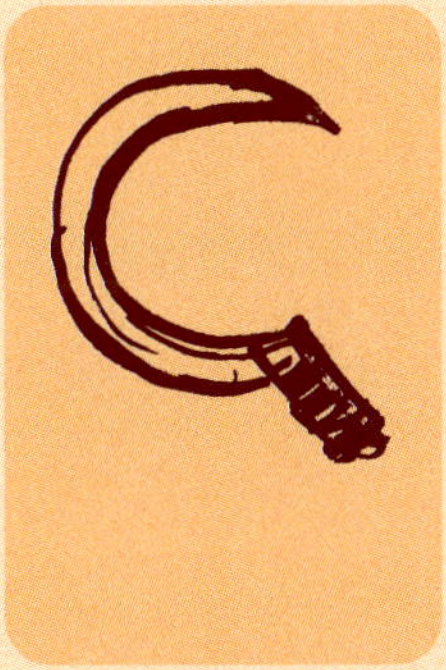

SICHEL

Krempel Sie die Ärmel hoch, denn viel Arbeit steht Ihnen bevor und will bewältigt werden. Sie haben im Moment wenig Zeit für Familie oder Beziehung.

SKORPION

Ein Zeichen für Gefahr – insbesondere wenn der Skorpion auf dem Tassenboden abgebildet ist. Jemand will Ihnen Böses, doch Vorsicht, denn dieser Jemand ist gerissen!

SONNE

Eines der schönsten Zeichen: In allen Bereichen Ihres Lebens werden sich Ihre Wünsche erfüllen.

SONNENBLUME

Sie stellen sich momentan zu sehr in den Mittelpunkt und fordern viel Aufmerksamkeit von Ihrem Umfeld. Überspannen Sie den Bogen nicht, denn Sie müssen auch bereit sein, etwas zurückzugeben.

SPATZ

Besser einen Spatz in der Hand als eine Taube auf dem Dach. Deshalb: Leben Sie nicht weiter in Ihren Träumen, sondern kommen Sie zurück in das reale Leben.

SPINNE

Mit hoher Wahrscheinlichkeit werden Sie in naher Zukunft mit einem Geldsegen bedacht. Fordern Sie das Glück aber nicht zu sehr heraus, denn beim Glücksspiel würden Sie eher Geld verlieren.

STERNE

Sie wollen nach den Sternen greifen und (zu) hoch hinaus. Doch Vorsicht, hierbei können Sie tief fallen.

STIEFEL

Normalerweise bedeutet dieses Zeichen Schutz vor einem Unglück. Befindet es sich jedoch auf dem Tassenboden, so symbolisiert es eine große Schande. Der umgedrehte Stiefel dagegen sagt eine längere Reise voraus.

STORCH

Falls Sie einen Kinderwunsch hegen, sind Sie momentan auf dem besten Weg, sich diesen zu erfüllen.

STRASSENLAMPE

Ihre spirituelle Kraft strahlt momentan hell. Nutzen Sie Ihre Energien, um guten Freunden zu helfen.

STUHL

Obwohl Sie in allen Lebenslagen ein sehr realistisch denkender Mensch sind, sind Sie in Liebesangelegenheiten ein Traumtänzer. Versuchen Sie auch hier, auf dem Boden zu bleiben.

TÄNZERIN

Ihnen und Ihrer Familie steht eine große Festlichkeit ins Haus. Aber hören Sie auf Ihren Körper, und übertreiben Sie es mit dem Essen und Trinken nicht...

TANNENBÄUME

Bringen Sie Ordnung in Ihr Leben, indem Sie sich von Dingen trennen, die Sie nicht mehr benötigen.

TASCHE

Dieses Zeichen symbolisiert eine späte Heirat, keine Kinder oder ein längeres Dasein als Single.

TAUBE

Sie werden in naher Zukunft eine Nachricht erhalten. Ob sie gut oder schlecht ist, sagen Ihnen die übrigen Symbole in der Tasse.

TEEKANNE / SAMOWAR

Dieses Zeichen bedeutet Glück und Zufriedenheit in der Familie. Befindet es sich jedoch auf dem Tassenboden, dann kündigt es Streit im Freundeskreis an.

TELLER

Schauen Sie über den Tellerrand! Beharren Sie nicht auf Ihrem Standpunkt, sondern betrachten Sie die Dinge von allen Seiten. Das macht weltoffen und tolerant.

TIGER

In Ihrer Partnerschaft haben sich die Gleichgewichte verschoben – Sie unterdrücken Ihren Partner. Vorsicht, sonst stehen Sie bald alleine da.

TISCH

Es ist fünf vor zwölf – bereiten Sie sich auf ein ernstes, aber konstruktives Gespräch in der Familie vor.

TOR

Seit Längerem haben Sie eine Idee, die Sie nun weiter verfolgen sollten. Es ist nur wichtig, den richtigen Zugang dazu zu finden.

TOTENKOPF

Betrug und Verrat! Seien Sie vorsichtig: Jemand will Sie über den Tisch ziehen.

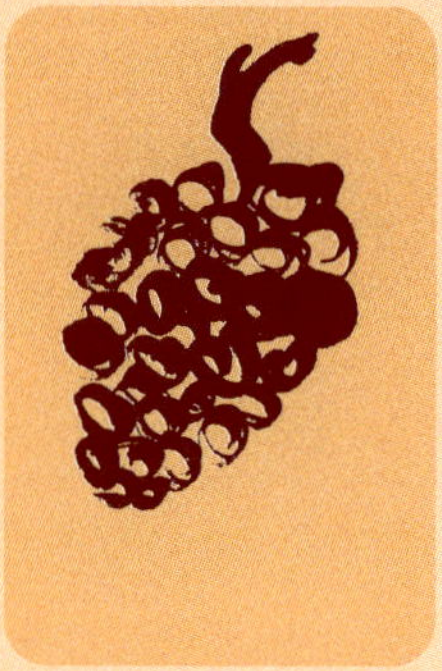

TRAUBEN

Verbotene Früchte sind die süßesten… Etwas in Ihrer Beziehung stimmt nicht, und Sie sind auf dem besten Weg, eine Affäre zu beginnen.

TROMMLER

Sie haben eine Idee oder einen Plan. Erzählen Sie nicht zu vielen Leuten davon, sonst wird jemand anders die Lorbeeren dafür ernten.

TROMPETE

Das Schicksal ruft! Ihnen flattert ein Brief ins Haus, oder ein Umzug steht an – beides wird einen positiven Ausgang haben.

TULPE

Häufig schätzen Sie fremde Menschen falsch ein und werden am Ende enttäuscht. Warten Sie in Zukunft erst ab, ob Ihr Gegenüber es wert ist, so viel für es zu tun.

UHR

Die Zeit steht nicht still! Sie müssen Ihre Ziele schnell verfolgen, sonst läuft Ihnen die Zeit davon.

VÖGEL

Sie haben große Probleme mit Ihrem Partner oder innerhalb der Familie, je nachdem wo das Symbol erscheint. Ein neutraler Dritter wird die Situation aber bereinigen.

VOGELSCHEUCHE

Jemand will Sie von Ihrem Partner trennen – Vorsicht ist geboten! Prüfen Sie aber trotzdem, ob derjenige nicht vielleicht doch Recht hat mit seinen Anschuldigungen. Für Singles gilt: Sie werden Opfer übler Nachrede.

WAAGE

Ihr Gerechtigkeitssinn ist momentan sehr stark ausgeprägt. Sie werden dadurch in Ihrem Freundeskreis große Anerkennung erhalten.

WAL

Wundern Sie sich nicht, wenn Sie in Zukunft von vielen Leuten um Rat gefragt werden. Ihre vernünftige und bodenständige Art macht Sie zu einem guten Gesprächspartner und Ratgeber.

WALD

Sie sehen den Wald vor lauter Bäumen nicht… Deshalb lohnt es sich manchmal, genauer hinzusehen, statt vorschnell zu urteilen.

WEG

Vor Ihnen liegt eine plötzliche und ungeplante Reise. Liegt der Weg auf dem Tassenboden, so bekommt die Familie unerwarteten, erfreulichen Besuch.

WEG IN EIN GEBÄUDE

Verbringen Sie viel Zeit mit Ihrer Familie oder Ihrem Partner, vielleicht ist auch eine gemeinsame Reise geplant. Diese Zeit wird für Sie unvergesslich schön werden.

WIDDER

Sie wollen mit dem Kopf durch die Wand! Manchmal ist es aber besser, das Ziel über einen Umweg zu erreichen.

WINDMÜHLE

Verurteilen Sie Ihre alten Freunde nach so langer Zeit nicht, sie haben sich nicht geändert und sind nicht Ihre Feinde!

WOLKEN

Wolken verdunkeln den blauen Himmel – Probleme tauchen in Ihrem Leben auf. Leider haben Sie zu viel Zeit verloren. Bitten Sie Ihre Familie um Hilfe, vielleicht ist es noch nicht zu spät.

ZAUN

Sie werden in der nächsten Zeit psychisch angeschlagen sein und sollten sich etwas zurückziehen.

ZELT

In naher Zukunft steht Ihnen ein Umzug bevor, vielleicht sogar ins Ausland. Falls Sie Familie oder einen Partner haben, sollten Sie diese/diesen unbedingt mitnehmen. Alles wird gut!

ZIEL

Sie müssen sich gegenüber Ihrem Herzenspartner mäßigen. Sie sind zwar im Recht, aber ein wenig Diplomatie kann nicht schaden.

ZWEI PROFILE

In guten Zeiten hat man viele Freunde, doch erst in schlechten Zeiten zeigt sich die wahre Freundschaft. In naher Zukunft werden Sie erkennen, wer Sie wirklich mag.

ZIFFER 1

Ein Ziel ist von Ihnen schon seit langem angestrebt worden. Nun sind Sie bereit, dieses um jeden Preis zu erreichen.

ZIFFER 2

Diese Zahl deutet auf einen Konflikt zwischen zwei weiblichen Personen hin. Es existiert eine Rivalin, und der Machtkampf mit ihr wird in absehbarer Zeit beginnen.

ZIFFER 3

Sie werden in näherer Zukunft familiäre Pläne schmieden. Für kinderlose Paare bedeutet dies, dass sie über Nachwuchs sprechen.

ZIFFER 4

Ein Konflikt mit dem Partner muss ausgetragen werden. Am Ende wird sich die Harmonie aber schnell wieder einstellen.

ZIFFER 5

Ein gutes Symbol: In der näheren Zukunft lernen Sie einen neuen Menschen kennen und lieben. Ob die Liebe von Dauer ist, lässt sich allerdings nicht sagen.

ZIFFER 6

Harmonie und Sicherheit in der Familie.

(Hinweis: Nur auf dem Tassenboden zu deuten.)

ZIFFER 7

Eines der schönsten Symbole: Falls Sie Träume und Wünsche haben, so werden sich diese in naher Zukunft erfüllen.

ZIFFER 8

Alte Probleme beschäftigen Sie, und Ihre Gedanken drehen sich im Kreis – aber die Probleme bleiben ungelöst.

ZIFFER 9

Sie haben große Pläne im Bereich Finanzen und Beruf. Aber Vorsicht: Der Erfolg ist nicht garantiert!

ZIFFER 10

Sie erwartet ein längerer Zeitraum voller Glück und Zufriedenheit!

ZIFFER 13

Sie haben den Wunsch, jemanden, der Ihnen nahe steht, glücklich zu machen. Dieses Vorhaben wird aber leider scheitern.

NACHWORT

Liebe Leserinnen, liebe Leser,

Sie haben jetzt die Möglichkeit, diese wunderschöne Orakelart zu praktizieren und lieben zu lernen. Machen Sie das aber bitte immer nur in guter Absicht, denn die Vergangenheit zu lesen und die Zukunft vorauszusagen bedeutet eine große Verantwortung sich selbst und besonders demjenigen gegenüber, dem Sie den Kaffeesatz lesen.

Nehmen Sie sich Zeit, genießen Sie den Kaffee beim Trinken, schauen Sie danach in die Tasse – und Sie werden staunen, wie viel Ihnen Kaffee zu erzählen hat…

IHR MALEK AL-SAUD

36 farb. Karten, 64 Seiten
Handbuch,broschiert
in Stülpschachtel
ISBN 978-3-89845-213-7
€ (D) 17,90

Vadim Tschenze

Orientalisches Wahrsagen

Kaffeesatzlesen

Ihr Schicksal liegt in Ihrer Tasse! – Es ist wahrhaft faszinierend, wie der Kaffeesatz die jeweilige Situation, die gedanklichen und emotionalen Energien des Deutenden in den Symbolen widerspiegelt! Das Innere zeigt sich im Äußeren – und wird somit deutbar. Der aus dem TV bekannte Hellseher Vadim Tschenze greift in seinem neuesten Kartenset auf das alte, geheime Wissen seiner russischen Vorfahren zurück, um Ihnen exklusiv die wichtigsten Symbole und deren Deutungen nahe zu bringen, mit deren Hilfe sich Ihnen sowohl Vergangenheit, Gegenwart als auch die Zukunft erhellen…
Ein Set, das sich gerade für Einsteiger hervorragend eignet!

44 Karten, im Herzformat
Format 10 x 8,5 cm
ISBN 978-3-89845-120-8
€ [D] 13,90

Toni Carmine Salerno

Liebesorakel – Amors Botschaften

Ein Bild sagt mehr als tausend Worte – nach diesem Motto wurde auch das Kartendeck aus Reproduktionen der visionären Bilder des Künstlers Toni Carmine Salerno gestaltet. Mit 44 bewegenden Karten, die inspirieren und Führung in Herzensangelegenheiten anbieten, umfasst es all die vielen verschiedenen Aspekte von Liebesverbindungen und bietet überdies einen intuitiven Zugang zur Arbeit mit Beziehungen.
Das Kartendeck kann allein oder zu zweit gespielt werden.

47 farbige Herzkarten, in Herzbox
EAN 4260075280035
€ [D] 13,90

Claudia Knüppel

Elfen öffnen Herzen

Farbenfroh ist der Zauberwald, in den uns die Künstlerin Claudia Knüppel einlädt, und es wimmelt hier von Naturgeistern, die uns geheimnisvoll, anmutig oder auch frech aus dem schillernden Reich der Fantasie zuwinken.
Wunderbar dargestellte Geistwesen, die tiefempfundene Botschaften aussenden als Rat, als Trost oder als Hoffnung für all die, die den Glauben an und den Kontakt zu den lichten Welten des wenig Sichtbaren nicht verloren haben.

34 farbige Karten,
224 Seiten Arbeitsbuch,
broschiert, Spieltuch, in
Stülpschachtel
ISBN 978-3-89845-210-6
€ [D] 24,90

David Carson & Nina Sammons

Orakel 2013

Karten zum neuen Zeitalter

Wir nähern uns dem Umbruchsjahr 2012, und die Veränderungen in unserer Welt haben bereits begonnen… Doch Metaphysiker vergangener Zeitalter hinterließen unserer Generation wichtige symbolische Schlüssel – die im Orakel 2013 zusammengetragen wurden und die uns helfen, das Wissen der Maya, Azteken, Tolteken und Hügelbauer für den Übergang in ein neues Zeitalter zu nutzen. Dieses schöne Buch, die Karten und das Cenoten-Tuch sind machtvolle Instrumente. Lege deine Karten auf dem Cenoten-Tuch aus, und aus seinen Tiefen werden die Antworten zu dir kommen…

152 Seiten, broschiert
ISBN 978-3-89845-228-1
€ [D] 6,95

Andrea Buchholz

7x7 magische Tipps

für den Alltag

Ärgern auch Sie sich, wenn Sie manchmal an den kleinsten Dingen des Lebens scheitern oder verzweifeln? Die erfahrene TV-Astrologin und Lebensberaterin Andrea Buchholz führt hier ein paar ganz einfache spirituelle und magische Tipps vor, die es jedem Leser erlauben sollen, seinen Alltag ab sofort problemlos zu managen…
An 7x7 Beispielen erfahren Sie, dass die Lösungen für manche Probleme absolut einfach sind.

176 Seiten, broschiert
ISBN 978-3-89845-124-6
€ (D) 6,95

Gabriele Köstinger

Numerologie

Die Wurzeln der Zahlenweisheit

Das Mysterium, das die Zahlen in sich bergen, ist seit Jahrtausenden Grundlage von Untersuchungen – hinter jeder Zahl verbirgt sich eine Wissenschaft. Bereits die Chaldäer, die Ägypter, die Essener und natürlich auch die alten Weisen der arabischen Welt waren Meister in der verborgenen Bedeutung der Zahlen.
Entdecken nun auch Sie diese einfache und doch so aussagekräftige Art der Charakter- und Schickssalsdeutung, um wichtige Erkenntnisse zu Ihren Fähigkeiten, Eigenschaften und Aufgaben in diesem Leben zu erhalten. Lüften Sie das Geheimnis Ihrer persönlichen Zahlen!